Manual de Independência Financeira Global

Saída Fiscal, Proteção de Capital e Operações no Mercado Internacional

Autor: Vinícius F Amorim

Manual de Independência Financeira Global

Autor: Vinícius F. Amorim

ISBN: 9798341365391

Selo Editorial: Independently published

Copyright © [2024] Vinícius F. Amorim.

Todos os direitos reservados.

Prefácio

A ideia de escrever este manual surgiu da minha própria jornada rumo à independência financeira global. Ao longo dos anos, vi como a globalização das finanças e o surgimento de novas tecnologias criaram oportunidades sem precedentes para qualquer pessoa, não importa onde esteja, proteger e expandir seu patrimônio além das fronteiras nacionais.

Este livro é resultado de muitas experiências práticas, tanto minhas quanto de pessoas com quem trabalhei, que buscaram formas de diminuir a carga tributária, diversificar investimentos e conquistar uma maior liberdade financeira. Ele é um guia que combina teoria com prática, oferecendo não apenas conceitos, mas exemplos reais de como aplicar essas ideias no mundo atual.

Espero que você, caro leitor, encontre aqui as ferramentas e o conhecimento necessário para dar o próximo passo na sua jornada rumo à liberdade financeira global. A chave está em planejar com sabedoria, agir com determinação e, acima de tudo, adaptar-se a um cenário financeiro em constante evolução.

Vinícius F. Amorim

Sumário

Manual de Independência Financeira Global 1

Autor: Vinícius F Amorim 1

Sumário 5

Capítulo 1: Introdução 6

Capítulo 2: A Globalização das Finanças Pessoais 7

1. Proteção de Ativos 9

2. Vantagens Fiscais 10

3. Mobilidade e Liberdade 10

4. Acessar Mercados Globais 11

Conclusão 12

Capítulo 4: Como Planejar sua Saída Fiscal do Brasil . 13

O que é a Saída Fiscal? 13

Passo a Passo para a Saída Fiscal do Brasil 13

Exemplo Prático de Saída Fiscal 15

Dicas Finais para uma Saída Fiscal Bem-Sucedida .. 16

Capítulo 5: Países com Vantagens Fiscais para Expatriados 17

1. Paraguai: Simplicidade e Baixa Tributação 17

2. Uruguai: Isenção de Impostos para Rendimentos no Exterior 19

3. Outros Destinos Populares com Vantagens Fiscais 20

Conclusão: Escolhendo o Melhor País para Sua Situação 23

Capítulo 6: Abrindo Contas Bancárias Internacionais. 24

1. Por que Ter uma Conta Bancária Internacional?. 24

2. Melhores Bancos Internacionais para Expatriados
.... 25

3. Fintechs e Contas Digitais Multimoedas 27

4. Dicas para Gerenciar suas Contas Internacionais 30

Conclusão 31

Capítulo 7: Uso de Carteiras Digitais: Neteller, Wise e Outras 32

1. O que são Carteiras Digitais? 32

2. Principais Carteiras Digitais para Expatriados 33

3. Como Usar Carteiras Digitais para Operações Globais 37

Conclusão 39

Capítulo 8: Protegendo e Diversificando Seu Capital... 40

1. Por que Diversificar é Importante? 40

2. Diversificação Geográfica: Protegendo-se de Crises Locais 41

3. Hedge Cambial: Protegendo-se de Flutuações de Moeda 42

4. Criptomoedas: Diversificando com Ativos Digitais
.... 44

5. Investindo em Ouro e Metais Preciosos 45

Conclusão: Protegendo Seu Patrimônio Globalmente 47

Capítulo 9: Operando com Forex e Outros Investimentos Globais 48

1. O que é Forex? 48
2. Plataformas Populares para Operar Forex 49
3. Estratégias para Operar no Forex 52
4. Outros Investimentos Globais: Ações, ETFs e Criptomoedas 54

Conclusão: Explorando o Mercado Internacional 56

Capítulo 10: Estudo de Casos: Expatriados de Sucesso 57

1. Caso 1: João – Mudança de Residência Fiscal para o Paraguai 57
2. Caso 2: Maria – Proteção de Capital com Criptomoedas e Forex 59
3. Caso 3: Pedro – Investimentos Imobiliários no Exterior 61

Conclusão: O Que Podemos Aprender? 64

Capítulo 11: Futuros Desafios e Oportunidades no Cenário Financeiro Global 65

1. A Ascensão das Fintechs e a Digitalização Financeira 65
2. Criptomoedas e DeFi: O Futuro das Finanças Descentralizadas 67

3. Mudanças nas Legislações Fiscais Internacionais .68

5. Sustentabilidade e Investimentos ESG 71

Conclusão: Preparando-se para o Futuro das
Finanças Globais 73

Capítulo 12: Conclusão 74

1. A Importância da Saída Fiscal 74

2. Escolhendo o País Certo 74

3. Abrindo Contas Bancárias Internacionais 74

4. O Uso de Carteiras Digitais 75

5. Diversificação e Proteção do Capital 75

6. Oportunidades e Desafios Futuros 75

Recomendações Práticas 76

Conclusão Final 77

Capítulo 13: Anexos 78

A. Modelos de Formulários 78

B. Links Úteis 78

C. Glossário 79

D. Tabelas Comparativas: Países e Serviços Bancários
.... 80

Capítulo 1: Introdução

A globalização e a digitalização das finanças pessoais têm criado oportunidades incríveis para quem deseja **proteger seus ativos**, **diminuir sua carga tributária**, ou **viver de forma global**. Este livro foi escrito para pessoas que buscam **independência financeira** e liberdade para viver e operar seus negócios sem estarem limitadas por fronteiras ou pela burocracia fiscal do Brasil.

Ao longo das próximas páginas, vamos guiá-lo por um passo a passo prático que cobre desde como sair fiscalmente do Brasil até estratégias para proteger seu patrimônio no exterior. Você aprenderá a usar **bancos internacionais**, **carteiras digitais** como a Neteller e a Wise, e a diversificar seu capital em mercados globais.

Vamos começar explorando o conceito de **globalização financeira** e por que tantos brasileiros estão buscando a liberdade que isso proporciona.

Capítulo 2: A Globalização das Finanças Pessoais

A **globalização financeira** mudou drasticamente o cenário econômico global. Anos atrás, abrir uma conta bancária fora do país ou investir em mercados globais era algo reservado para empresas multinacionais ou indivíduos com patrimônio elevado. Hoje, graças às **fintechs**, carteiras digitais, e uma rede crescente de investimentos acessíveis, qualquer pessoa pode participar do mercado financeiro internacional.

Essa mudança está permitindo que indivíduos gerenciem suas finanças de uma maneira mais eficiente e global, sem depender de instituições tradicionais ou estarem limitados pelas fronteiras do próprio país. Seja abrindo uma **conta bancária internacional**, utilizando uma **carteira digital** para gerenciar diferentes moedas, ou investindo em mercados estrangeiros, as oportunidades para expandir e proteger o capital nunca foram tão acessíveis.

A Importância das Fintechs na Globalização Financeira

As **fintechs** (empresas de tecnologia financeira) são um dos principais catalisadores dessa transformação. Elas estão quebrando barreiras e facilitando o acesso a serviços financeiros que antes eram complicados ou caros. Plataformas como **Neteller**, **Wise** (antiga TransferWise), e **Revolut** permitem que usuários façam transferências internacionais, mantenham contas em múltiplas moedas, e movimentem fundos com custos significativamente menores do que os métodos bancários tradicionais.

Contas Multimoedas: Uma Nova Realidade

Com as contas multimoedas, é possível manter saldo em várias moedas dentro da mesma conta bancária ou carteira digital. Isso permite não só a proteção contra flutuações cambiais, mas também facilita transações internacionais sem perder em conversões de moeda. A globalização financeira trouxe essas oportunidades para as mãos de indivíduos que buscam mobilidade e segurança financeira.

Exemplo prático: Imagine que você tem negócios no Brasil, nos EUA e na Europa. Com uma conta multimoeda, você pode manter parte do seu dinheiro em **reais**, parte em **dólares** e parte em **euros**, convertendo apenas quando for mais vantajoso. Isso não só protege contra a volatilidade das moedas, como também permite que você faça transações locais em cada mercado sem incorrer em taxas de conversão elevadas.

Transferências Internacionais Simplificadas

Antes da globalização digital, enviar dinheiro para fora do país era caro e demorado. Hoje, com **fintechs**, é possível fazer **transferências internacionais** quase instantâneas e a custos muito baixos. Plataformas como Wise permitem transferir grandes quantias com taxas muito inferiores às dos bancos tradicionais, e com maior transparência.

Capítulo 3: Por Que Buscar Independência Financeira Global?

A independência financeira global vai além da simples ideia de ter um salário estável ou investimentos bem-sucedidos. Ela envolve a capacidade de controlar seu patrimônio, proteger seus ativos e viver de maneira livre, sem estar preso a um único sistema tributário ou a uma jurisdição que pode se tornar desfavorável ao longo do tempo.

1. Proteção de Ativos

Uma das principais razões para buscar independência financeira global é a **proteção de ativos**. Quando você mantém seus investimentos ou capital em diferentes países e moedas, você reduz os riscos associados à instabilidade econômica ou política de um único país.

Por exemplo, crises econômicas como a inflação elevada, desvalorização cambial ou mudanças políticas podem colocar em risco o patrimônio de quem mantém todos os seus ativos em um único país. Ao diversificar geograficamente seus ativos, você reduz o impacto desses riscos. Além disso, muitos países oferecem **proteção jurídica** robusta para investidores internacionais, tornando mais difícil o confisco ou a expropriação de bens.

2. Vantagens Fiscais

Outro grande benefício de buscar a independência financeira global é a **otimização fiscal**. Muitos países oferecem regimes tributários mais vantajosos do que o Brasil. Isso pode significar uma redução significativa nos impostos pagos sobre seus rendimentos, lucros ou patrimônio.

- **Tributação territorial**: Países como **Paraguai** e **Panamá** aplicam um sistema de tributação territorial, onde apenas os rendimentos obtidos dentro do país são tributados. Isso significa que seus rendimentos de investimentos no exterior podem ser completamente isentos de impostos locais.
- **Isenções para expatriados**: Alguns países oferecem **incentivos fiscais** para estrangeiros que se estabelecem como residentes fiscais, como é o caso do **Uruguai**, que isenta rendimentos obtidos no exterior por até 10 anos. Isso permite que você proteja e aumente seu patrimônio sem ser excessivamente tributado.

3. Mobilidade e Liberdade

Além dos benefícios fiscais e da proteção de ativos, a **independência financeira global** oferece maior **mobilidade** e **liberdade**. Ao operar com contas bancárias internacionais, carteiras digitais e múltiplas moedas, você ganha a flexibilidade de morar, trabalhar e investir em qualquer lugar do mundo.

Por exemplo, você pode optar por passar seis meses em um país e depois se mudar para outro, sem a necessidade de se preocupar com os limites ou custos impostos pelo sistema financeiro local. A capacidade de movimentar seus recursos entre diferentes jurisdições também permite que você escolha os ambientes mais favoráveis para suas operações, evitando barreiras burocráticas e políticas instáveis.

4. Acessar Mercados Globais

Ter independência financeira global significa também **acesso a mercados globais**. Isso inclui oportunidades de investimento em ações estrangeiras, títulos internacionais, imóveis em outros países e até mesmo investimentos emergentes, como **criptomoedas**. A diversificação global de seus investimentos pode gerar maiores retornos e diminuir os riscos associados a concentrar seu patrimônio em um único mercado.

Exemplo prático: Suponha que você mantenha uma carteira de investimentos diversificada, com parte alocada em ações nos Estados Unidos, parte em imóveis no Uruguai e outra em ouro. Com essa estratégia, mesmo que haja uma crise financeira em uma dessas regiões, as demais partes do seu portfólio permanecerão intactas ou até poderão crescer em resposta à crise, mantendo seu patrimônio protegido.

Conclusão

*"A busca pela independência financeira global é, antes de mais nada, uma estratégia de **proteção patrimonial**, **redução de tributos** e **aumento da liberdade pessoal**. Seja para reduzir sua carga tributária, proteger-se contra crises econômicas, ou simplesmente para viver de forma mais livre, a independência financeira global é um caminho valioso e acessível para qualquer pessoa com o planejamento correto".*

Capítulo 4: Como Planejar sua Saída Fiscal do Brasil

A **saída fiscal** do Brasil é um passo fundamental para quem busca independência financeira global. Esse processo legal permite que você deixe de ser considerado **residente fiscal** no Brasil, isentando-se de pagar impostos sobre seus rendimentos no exterior. O planejamento cuidadoso e a execução correta desse processo são essenciais para evitar problemas fiscais no futuro.

O que é a Saída Fiscal?

A saída fiscal é o procedimento formal que informa à **Receita Federal** que você não é mais um residente fiscal no Brasil. Após a saída, você deixará de ser obrigado a pagar impostos sobre seus rendimentos globais no Brasil, mas poderá continuar a pagar impostos sobre o que for gerado dentro do país.

Isso é essencial para expatriados e investidores globais, pois evita a **dupla tributação**, ou seja, ser tributado tanto no Brasil quanto no país onde você estabeleceu sua nova residência fiscal.

Passo a Passo para a Saída Fiscal do Brasil

1. Comunicação de Saída Definitiva do País

O primeiro passo é preencher e enviar o formulário de **Comunicação de Saída Definitiva do País**, que está disponível no site da Receita Federal. Essa comunicação deve ser feita até o **último dia de fevereiro** do ano seguinte à sua saída do Brasil.

No formulário, você deve informar a **data exata da sua saída** e seu novo país de residência fiscal. É importante preencher este documento corretamente, pois ele será usado para atualizar o seu status fiscal.

2. Última Declaração de Imposto de Renda

Mesmo após realizar a Comunicação de Saída, você ainda deverá apresentar a **Declaração de Imposto de Renda** no Brasil no ano seguinte. Esta será a sua última declaração como residente fiscal e deverá incluir seus rendimentos até a data da saída.

Certifique-se de informar corretamente os rendimentos obtidos até o último dia em que foi residente fiscal no Brasil, para evitar inconsistências que possam levar a multas ou problemas futuros.

3. Certifique-se de Estar Regular com a Receita Federal

Antes de finalizar sua saída fiscal, é essencial garantir que **todas as suas obrigações fiscais** no Brasil estejam regularizadas. Isso inclui pagamento de impostos de anos anteriores e pendências financeiras com a Receita Federal. Para isso, é recomendável solicitar o

Certificado de Regularidade Fiscal, que comprova que não há pendências ou dívidas com o Fisco.

4. Mudança de Residência Fiscal

Uma vez que a saída fiscal do Brasil está concluída, você deve estabelecer sua **nova residência fiscal** em outro país. Escolher o país certo, com benefícios fiscais adequados ao seu perfil, é essencial para garantir que seus rendimentos futuros sejam bem otimizados. No próximo capítulo, veremos como escolher o país ideal para sua nova residência fiscal.

Restrições após a Saída Fiscal

Depois de formalizar sua saída fiscal, você pode passar até **183 dias por ano** no Brasil sem ser considerado residente fiscal. Se exceder esse limite, pode ser considerado novamente residente fiscal no Brasil, o que o submete à tributação brasileira sobre seus rendimentos globais.

Exemplo Prático de Saída Fiscal

Marcelo, um empresário brasileiro, decidiu se mudar para o Paraguai em 2023 e queria formalizar sua saída fiscal do Brasil. Em janeiro de 2024, ele preencheu a **Comunicação de Saída Definitiva do País** informando que deixou o Brasil em setembro de 2023. Ao fazer isso, Marcelo garante que a partir de setembro de 2023, seus rendimentos obtidos no Paraguai não estarão sujeitos à tributação no Brasil.

Em abril de 2024, Marcelo apresentou sua **última Declaração de Imposto de Renda**, onde incluiu os rendimentos obtidos entre janeiro e setembro de 2023, quando ainda era residente fiscal brasileiro. A partir de então, Marcelo só precisará pagar impostos sobre rendimentos obtidos no Brasil, e não sobre sua renda no exterior.

Dicas Finais para uma Saída Fiscal Bem-Sucedida

- **Organize-se com antecedência**: Planeje sua saída fiscal pelo menos alguns meses antes de deixar o país, garantindo que todas as suas obrigações estejam em dia.
- **Contrate um contador especializado**: Um contador com experiência em expatriados pode ajudar a garantir que todos os documentos sejam preenchidos corretamente e que você não tenha surpresas desagradáveis.
- **Mantenha registros**: Guarde todos os documentos, recibos e comprovantes relacionados à sua saída fiscal por pelo menos cinco anos, para o caso de auditorias ou questionamentos futuros.

Agora que você aprendeu como fazer sua **saída fiscal do Brasil**, vamos explorar no próximo capítulo quais são os **melhores países com vantagens fiscais** para estabelecer sua nova residência fiscal e proteger seus ativos.

Capítulo 5: Países com Vantagens Fiscais para Expatriados

Escolher o país certo para estabelecer sua **residência fiscal** é uma das decisões mais estratégicas para expatriados e investidores globais. Alguns países oferecem regimes fiscais extremamente vantajosos para estrangeiros, permitindo a **isenção de impostos sobre rendimentos obtidos no exterior** ou tributação reduzida em ganhos de capital e investimentos. Este capítulo apresenta os principais destinos para aqueles que desejam otimizar sua carga tributária e proteger seus ativos.

1. Paraguai: Simplicidade e Baixa Tributação

O **Paraguai** é um dos destinos mais acessíveis da América do Sul para quem deseja obter uma **residência fiscal**. O país tem uma política fiscal amigável, com **baixa tributação** e pouca burocracia para estrangeiros que queiram se estabelecer.

Vantagens Fiscais no Paraguai

- **Impostos sobre rendimentos externos**: O Paraguai adota um sistema de **tributação territorial**, o que significa que apenas os rendimentos gerados dentro do país são tributados. Qualquer rendimento gerado fora do Paraguai, como lucros de investimentos internacionais, não será tributado pelo governo paraguaio.

- **Baixa alíquota de imposto de renda**: Mesmo os rendimentos gerados dentro do país são taxados a uma taxa de aproximadamente **10%**, uma das menores da América do Sul.

Processo para Obtenção de Residência

O processo para obter a residência permanente no Paraguai é relativamente simples. Você pode se qualificar para a residência ao:

- **Depositar cerca de US$ 5.000** em uma conta bancária local como parte dos requisitos de comprovação de renda.
- Apresentar documentação básica, como **passaporte válido, certidão de antecedentes criminais** e **prova de renda**.

Após o depósito e a apresentação da documentação, você poderá obter sua residência fiscal sem a necessidade de morar no país por longos períodos.

Flexibilidade de Permanência

Diferentemente de outros países, o Paraguai não exige que você passe 183 dias no país para manter sua residência fiscal. Isso o torna ideal para expatriados que desejam manter a residência formal no Paraguai, mas viajar e viver em outros lugares.

2. Uruguai: Isenção de Impostos para Rendimentos no Exterior

O **Uruguai** é uma opção atraente para expatriados, graças à sua política de **isenção de impostos** sobre rendimentos obtidos no exterior por até 10 anos. O país também oferece estabilidade política e econômica, tornando-o uma escolha segura para quem deseja proteger seu capital.

Vantagens Fiscais no Uruguai

- **Isenção de impostos sobre rendimentos no exterior**: Ao estabelecer sua residência fiscal no Uruguai, você poderá usufruir de até **10 anos de isenção de impostos** sobre rendimentos gerados fora do país. Isso significa que qualquer rendimento obtido de investimentos internacionais, como **Forex, ações estrangeiras** ou **imóveis no exterior**, estará livre de tributação local.
- **Após o período de isenção**: Após os 10 anos, o Uruguai aplica uma alíquota de **12%** sobre os rendimentos externos, o que ainda é uma taxa competitiva quando comparada a outros países.

Como Obter a Residência no Uruguai

Existem várias maneiras de obter a residência no Uruguai, sendo a mais comum a comprovação de **vínculo econômico ou pessoal** no país. Isso pode incluir:

- **Aquisição de um imóvel** no valor mínimo de US$ 375.000.
- **Comprovação de rendimentos passivos** ou aposentadoria.

Após a obtenção da residência fiscal, você não precisa passar a maior parte do ano no Uruguai, desde que mantenha algum tipo de vínculo econômico (como imóveis ou investimentos) no país.

Estabilidade Econômica

Além das vantagens fiscais, o Uruguai é conhecido por sua **estabilidade política e econômica**, o que o torna um país ideal para quem busca um ambiente seguro para manter seus ativos e investimentos. O país tem uma legislação robusta de proteção ao investidor e é considerado um dos lugares mais estáveis da América Latina para expatriados.

3. Outros Destinos Populares com Vantagens Fiscais

Além de Paraguai e Uruguai, outros países ao redor do mundo também oferecem **regimes fiscais vantajosos** para expatriados e investidores. Aqui estão alguns dos principais:

Portugal

Portugal é amplamente reconhecido pelo seu programa de **Residente Não Habitual (RNH)**, que oferece uma isenção de impostos sobre rendimentos obtidos no exterior por até **10 anos**. Este programa é ideal para aposentados e investidores que desejam manter rendimentos de investimentos internacionais sem serem tributados no país.

- **Vantagem**: Isenção de impostos sobre rendimentos no exterior por 10 anos.
- **Exigências**: Você precisa passar **183 dias no ano** em Portugal para se qualificar.

Emirados Árabes Unidos

Os **Emirados Árabes Unidos** são famosos por sua **isenção total de impostos** sobre a renda pessoal. Como residente fiscal nos Emirados, você não pagará imposto de renda sobre seus rendimentos, seja de investimentos, negócios ou ganhos pessoais.

- **Vantagem**: **Zero impostos** sobre rendimentos pessoais.
- **Exigências**: Para obter a residência, você precisa estabelecer uma **empresa local** ou investir em imóveis.

Panamá

O Panamá também adota um sistema de **tributação territorial**, onde apenas os rendimentos gerados dentro do país são tributados. Para expatriados, isso significa que qualquer rendimento gerado no exterior não estará sujeito a impostos locais.

- **Vantagem**: Isenção de impostos sobre rendimentos no exterior.
- **Exigências**: Você pode obter residência investindo em imóveis ou através de programas de aposentadoria.

Conclusão: Escolhendo o Melhor País para Sua Situação

"A escolha do melhor país para sua residência fiscal depende de diversos fatores, incluindo o tipo de rendimentos que você gera, seu perfil de investidor, e suas preferências pessoais em termos de estilo de vida. Se você busca simplicidade e baixos impostos, o Paraguai pode ser a escolha certa. Se prefere um país com uma isenção robusta sobre rendimentos no exterior e uma economia estável, o Uruguai é uma excelente opção".

---

*"Agora que você escolheu um país para estabelecer sua **residência fiscal**, o **próximo capítulo** discutirá como abrir **contas bancárias internacionais** para garantir que você possa operar globalmente de forma eficiente e segura".*

Nos próximos capítulos, vamos explorar como abrir contas bancárias internacionais e utilizar carteiras digitais para maximizar sua mobilidade financeira e proteger seu capital.

Capítulo 6: Abrindo Contas Bancárias Internacionais

Uma das principais vantagens de ter uma residência fiscal em outro país é a possibilidade de abrir **contas bancárias internacionais**. Ter uma conta fora do Brasil é fundamental para quem deseja operar globalmente, movimentar dinheiro entre diferentes jurisdições e proteger seu capital em instituições financeiras robustas. Além disso, contas bancárias internacionais oferecem acesso a múltiplas moedas e a mercados globais, facilitando a gestão de ativos financeiros.

1. Por que Ter uma Conta Bancária Internacional?

As **contas bancárias internacionais** oferecem diversas vantagens em termos de flexibilidade financeira, proteção patrimonial e acesso a mercados globais. Aqui estão algumas das principais razões para abrir uma:

- **Diversificação de moedas**: Contas bancárias internacionais permitem que você mantenha saldo em diferentes moedas, como dólar, euro e libra, protegendo-se de flutuações cambiais adversas.
- **Acesso a investimentos globais**: Muitos bancos internacionais oferecem acesso direto a mercados globais, permitindo que você invista em ações, títulos e fundos de diferentes países.
- **Facilidade nas transferências internacionais**: As transferências entre contas internacionais

tendem a ser mais rápidas e menos onerosas do que as enviadas por bancos locais.

Exemplo prático: Imagine que você possui negócios no Brasil e clientes nos EUA e na Europa. Com uma conta bancária internacional, você pode receber pagamentos diretamente em **dólares** ou **euros**, evitando a conversão para reais até que seja o momento mais vantajoso para você.

2. Melhores Bancos Internacionais para Expatriados

Existem várias opções de **bancos internacionais** que facilitam a vida de expatriados e investidores globais. Aqui estão alguns dos mais populares:

HSBC Premier

O **HSBC Premier** é uma das opções mais acessíveis e conhecidas para expatriados. O HSBC possui uma **presença global** robusta, com agências e serviços bancários em mais de 60 países, o que facilita a movimentação de dinheiro e o acesso a serviços internacionais.

- **Vantagens**:
    - Acesso a múltiplas moedas em uma única conta.

- o Transferências rápidas entre contas HSBC em diferentes países.
- o Benefícios exclusivos para expatriados, como suporte personalizado e consultoria financeira.
- **Como Abrir uma Conta**: O HSBC Premier exige um saldo mínimo ou renda mensal elevada para qualificação. Para abrir uma conta internacional, você pode visitar uma agência HSBC no Brasil ou no exterior, ou iniciar o processo online.

Citibank Global Account

Outra opção muito procurada por expatriados é o **Citibank**, que oferece uma conta bancária global com **serviços internacionais** de alta qualidade. O Citibank tem uma forte presença em muitos países e permite que você movimente seus fundos facilmente entre contas Citibank em diferentes partes do mundo.

- **Vantagens**:
  - o Acesso a **câmbio de moedas** com taxas competitivas.
  - o Transferências gratuitas entre contas Citibank internacionais.
  - o Suporte a múltiplos idiomas, facilitando o atendimento em diferentes países.
- **Como Abrir uma Conta**: O Citibank também oferece serviços globais para expatriados, mas exige um saldo mínimo. O processo pode ser iniciado online ou em uma agência Citibank.

Banco Itaú International (Uruguai e Paraguai)

Para brasileiros que desejam abrir contas internacionais na América do Sul, o **Itaú International** é uma opção interessante. O banco possui operações robustas no **Uruguai** e no **Paraguai**, oferecendo serviços financeiros para expatriados e investidores globais.

- **Vantagens**:
    - Facilidade de abertura de conta para brasileiros.
    - Atendimento personalizado em português.
    - Acesso a serviços de investimento, câmbio e proteção de ativos.
- **Como Abrir uma Conta**: O processo de abertura pode ser iniciado em uma agência local no Uruguai ou no Paraguai. O Itaú facilita a abertura para brasileiros com documentos como **passaporte** e **prova de renda**.

---

3. Fintechs e Contas Digitais Multimoedas

Além dos bancos tradicionais, as **fintechs** estão revolucionando o mundo das finanças ao oferecer contas digitais multimoedas e serviços financeiros internacionais com tarifas mais acessíveis. Aqui estão algumas das melhores opções:

Wise (antiga TransferWise)

A **Wise** é uma das fintechs mais populares para quem precisa enviar e receber dinheiro de forma rápida e com **baixas taxas de conversão**. Ela permite que você mantenha saldo em várias moedas e movimente seus fundos de maneira muito mais barata do que usando bancos tradicionais.

- **Vantagens**:
    - Conversão de moeda com taxas transparentes e sem custos ocultos.
    - Possibilidade de manter saldos em mais de 50 moedas diferentes.
    - Um **cartão de débito** multimoedas que pode ser usado em qualquer lugar do mundo.
- **Como Abrir uma Conta**: O processo é totalmente online. Basta acessar o site da Wise, criar uma conta, verificar sua identidade e começar a usar a conta multimoedas.

Revolut

A **Revolut** é outra fintech popular que oferece **contas digitais** em múltiplas moedas, facilitando transferências internacionais e transações em diferentes países. Com a Revolut, você pode acessar ferramentas de investimento, como compra de criptomoedas e ações, diretamente na plataforma.

- **Vantagens**:
  - Taxas baixas para conversão de moedas e transferências internacionais.
  - Acesso a **criptomoedas**, **ações** e outros ativos diretamente na conta.
  - Aplicativo intuitivo com suporte a várias moedas.
- **Como Abrir uma Conta**: A abertura de conta na Revolut também é feita online. O processo de verificação de identidade é simples, e você pode começar a usar a conta multimoeda rapidamente após o registro.

Neteller

A **Neteller** é amplamente utilizada por traders e investidores que operam em mercados internacionais, como **Forex** e **criptomoedas**. Ela oferece **contas digitais** em várias moedas, além de um **cartão pré-pago** que permite saques em qualquer caixa eletrônico ao redor do mundo.

- **Vantagens**:
  - Transferências rápidas entre diferentes contas Neteller.
  - Suporte a múltiplas moedas, facilitando transações internacionais.
  - Taxas competitivas para saques e conversões.
- **Como Abrir uma Conta**: O processo é simples e feito online. Após abrir sua conta, você pode

solicitar o cartão pré-pago Neteller para facilitar suas operações globais.

4. Dicas para Gerenciar suas Contas Internacionais

Depois de abrir suas contas bancárias internacionais, aqui estão algumas dicas para garantir uma **gestão eficiente** do seu capital:

1. **Monitore as taxas de câmbio**: Se você mantiver saldo em diferentes moedas, fique atento às flutuações cambiais para maximizar seus ganhos. Algumas plataformas, como a Wise, permitem que você configure alertas de câmbio para tomar decisões no momento certo.
2. **Diversifique suas contas**: Não mantenha todo o seu capital em um único país ou banco. Abrir contas em diferentes jurisdições pode proteger você contra crises econômicas ou restrições bancárias em um único país.
3. **Utilize carteiras digitais**: Carteiras como Neteller e Revolut são úteis para **transações rápidas** e **baixas taxas**, especialmente quando você precisa movimentar dinheiro entre contas bancárias tradicionais e o mercado de investimentos.

Conclusão

*"Abrir uma conta bancária internacional é um dos pilares da **independência financeira global**. Com acesso a múltiplas moedas, facilidade de movimentação de capital e uma maior proteção contra crises econômicas locais, você estará muito mais preparado para operar globalmente. Seja por meio de bancos tradicionais, como o HSBC e Citibank, ou de fintechs, como Wise e Revolut, você pode gerenciar seu patrimônio de maneira eficiente e flexível".*

No próximo capítulo, vamos falar sobre como usar **carteiras digitais** para expandir ainda mais suas operações internacionais e facilitar transferências rápidas entre fronteiras.

Capítulo 7: Uso de Carteiras Digitais: Neteller, Wise e Outras

As **carteiras digitais** revolucionaram a forma como movimentamos dinheiro globalmente. Elas oferecem a flexibilidade necessária para operar internacionalmente sem depender exclusivamente de bancos tradicionais, além de serem fáceis de usar e frequentemente mais econômicas. As carteiras digitais são especialmente úteis para quem precisa fazer **transferências rápidas**, operar com **múltiplas moedas** e acessar seu capital em diferentes partes do mundo.

1. O que são Carteiras Digitais?

Uma **carteira digital** é uma plataforma online que permite armazenar, enviar e receber dinheiro de forma eletrônica. As carteiras digitais funcionam como uma conta bancária, mas geralmente com menos burocracia, taxas menores e a vantagem de permitir o **uso de múltiplas moedas** em um único lugar. Além disso, muitas carteiras oferecem cartões pré-pagos que podem ser usados para compras em lojas físicas ou online.

Exemplo prático: Você está operando no mercado de **Forex** e recebe pagamentos em diferentes moedas, como **dólares**, **euros** e **libras**. Com uma carteira digital, você pode manter saldos em todas essas moedas e convertê-los para sua moeda local apenas quando necessário, economizando nas taxas de câmbio.

2. Principais Carteiras Digitais para Expatriados

Aqui estão algumas das carteiras digitais mais populares entre expatriados, investidores e traders globais:

Neteller

A **Neteller** é uma das carteiras digitais mais amplamente utilizadas por expatriados, especialmente para aqueles que operam em mercados como **Forex** e **criptomoedas**. Com a Neteller, você pode armazenar várias moedas, fazer transferências rápidas e acessar um **cartão pré-pago** que permite saques em caixas eletrônicos ao redor do mundo.

- **Vantagens**:
    - **Múltiplas moedas**: Armazene e converta facilmente entre diferentes moedas.
    - **Cartão pré-pago**: Use o saldo da Neteller para compras em qualquer lugar ou saque em caixas eletrônicos.
    - **Baixas taxas de câmbio**: A Neteller oferece taxas competitivas para conversão de moedas, o que é ideal para quem lida com várias moedas ao mesmo tempo.
- **Como Usar a Neteller**:
    - **Registro**: Abra uma conta online preenchendo suas informações pessoais.
    - **Verificação de identidade**: Para aumentar os limites de transações e garantir a segurança, verifique sua conta

> enviando uma cópia de sua identidade e comprovante de endereço.
> - **Transferências e saques**: Com a conta verificada, você pode fazer transferências internacionais, comprar em lojas online ou físicas, e sacar seu dinheiro em qualquer lugar do mundo.

Wise (TransferWise)

A **Wise**, anteriormente conhecida como **TransferWise**, é uma das opções mais populares para quem precisa fazer **transferências internacionais** com taxas baixas e transparentes. Ela também oferece uma conta multimoedas que permite que você armazene dinheiro em diferentes moedas e um cartão de débito para gastar seu saldo globalmente.

- **Vantagens**:
    - **Taxas transparentes**: A Wise é conhecida por suas taxas de câmbio justas e sem custos ocultos.
    - **Conta multimoedas**: Mantenha saldo em mais de 50 moedas diferentes.
    - **Cartão de débito multimoeda**: Use o cartão de débito Wise para gastar seu saldo em qualquer lugar do mundo, com taxas baixas de conversão de moeda.
- **Como Usar a Wise**:
    - **Abrir uma conta**: O processo é simples e feito online. Você pode abrir uma conta

gratuitamente e começar a armazenar saldo em diferentes moedas.
- **Transferências internacionais**: Com a Wise, você pode enviar e receber dinheiro em várias moedas com uma das menores taxas de mercado.
- **Cartão de débito**: Solicite o cartão Wise e use-o para saques em caixas eletrônicos ou para fazer compras internacionais com baixas taxas de conversão.

Revolut

A **Revolut** é outra carteira digital que ganhou popularidade rapidamente entre expatriados e viajantes globais. Com uma conta Revolut, você pode gerenciar múltiplas moedas, comprar **criptomoedas** e até mesmo investir em **ações** diretamente do aplicativo. Além disso, o cartão de débito Revolut é amplamente aceito em lojas físicas e online ao redor do mundo.

- **Vantagens**:
    - **Múltiplas moedas**: Armazene, envie e receba dinheiro em diferentes moedas.
    - **Cartão de débito**: Use seu saldo em qualquer lugar do mundo, com taxas de câmbio muito baixas.
    - **Acesso a investimentos**: A Revolut oferece a possibilidade de comprar ações, criptomoedas e metais diretamente da plataforma.
- **Como Usar a Revolut**:

- **Registro**: Crie uma conta através do aplicativo Revolut e verifique sua identidade.
- **Transferências e câmbio**: Converta e envie dinheiro para qualquer lugar do mundo com taxas baixas.
- **Investimentos**: Se você está interessado em diversificar, a Revolut permite que você compre **ações** e **criptomoedas** diretamente no aplicativo.

Payoneer

A **Payoneer** é amplamente utilizada por **freelancers, empresas** e **comerciantes globais** para receber pagamentos de diferentes partes do mundo. Com uma conta Payoneer, você pode faturar clientes internacionais, receber pagamentos e transferir o saldo para sua conta bancária local.

- **Vantagens**:
    - **Pagamentos internacionais**: Receba pagamentos de clientes e empresas em todo o mundo.
    - **Conta bancária virtual**: A Payoneer oferece contas bancárias virtuais em diferentes moedas, facilitando o recebimento de pagamentos em várias jurisdições.
    - **Cartão pré-pago**: Use o saldo da Payoneer com um cartão de débito para

gastar globalmente ou sacar em caixas eletrônicos.
- **Como Usar a Payoneer**:
    - **Registro**: Abra uma conta online e verifique sua identidade.
    - **Receber pagamentos**: Envie faturas para clientes globais ou receba pagamentos de plataformas como Amazon, Upwork ou Fiverr.
    - **Transferências e saques**: Transfira seu saldo para sua conta bancária local ou use o cartão pré-pago Payoneer para gastar e sacar seu dinheiro em qualquer parte do mundo.

---

3. Como Usar Carteiras Digitais para Operações Globais

Agora que você conhece algumas das melhores carteiras digitais, aqui estão algumas maneiras práticas de usá-las para melhorar sua **mobilidade financeira global**:

1. Transferências Internacionais

Se você precisa enviar dinheiro para diferentes países ou receber pagamentos de clientes globais, as carteiras digitais são uma maneira rápida e eficiente de fazer isso. Elas oferecem taxas de câmbio mais competitivas do que os bancos tradicionais e permitem que você mova seu dinheiro sem complicações.

2. Proteção contra Flutuações Cambiais

Ao manter saldo em várias moedas, você pode escolher o momento mais favorável para converter o dinheiro para a sua moeda local. Isso pode economizar uma quantia significativa de dinheiro em momentos de desvalorização da sua moeda de origem.

3. Compras Internacionais

Com os cartões de débito das carteiras digitais, você pode fazer compras online e em lojas físicas em qualquer parte do mundo. Se você trabalha remotamente ou viaja frequentemente, ter acesso a um cartão global com taxas baixas pode fazer toda a diferença em suas operações diárias.

4. Investimentos Globais

Plataformas como Revolut e Payoneer oferecem recursos para que você **invista em ações, criptomoedas** e **metais**. Isso facilita a diversificação do seu portfólio, além de oferecer opções de investimento que podem ser acessadas diretamente do seu smartphone.

Conclusão

*"As **carteiras digitais** são uma ferramenta essencial para quem busca **mobilidade financeira global**. Elas não apenas facilitam as **transferências internacionais** e a gestão de múltiplas moedas, mas também permitem que você acesse e gaste seu dinheiro em qualquer lugar do mundo. Seja para operar no mercado de **Forex**, investir em **ações globais** ou simplesmente fazer compras no exterior, as carteiras digitais oferecem uma alternativa conveniente e acessível aos bancos tradicionais".*

No próximo capítulo, vamos explorar como **proteger e diversificar seu capital**, abordando estratégias como **hedge cambial**, investimentos internacionais e criptomoedas.

Capítulo 8: Protegendo e Diversificando Seu Capital

Para quem busca **independência financeira global**, proteger e diversificar seu capital é uma estratégia crucial. Concentrar todos os seus ativos em uma única jurisdição, moeda ou tipo de investimento aumenta significativamente o risco, deixando seu patrimônio vulnerável a crises econômicas, políticas ou até mesmo flutuações cambiais. Este capítulo abordará como diversificar seu capital globalmente e como adotar estratégias para **proteger seu patrimônio** contra riscos.

1. Por que Diversificar é Importante?

Diversificação é uma das ferramentas mais eficazes para mitigar riscos. Ao distribuir seus investimentos em diferentes **jurisdições**, **moedas** e **tipos de ativos**, você reduz a exposição a eventos negativos que podem impactar uma parte significativa do seu patrimônio.

Exemplo prático:

Se você investe todo o seu dinheiro em imóveis no Brasil e o país passa por uma crise econômica ou política, seus ativos podem perder valor rapidamente. No entanto, se parte do seu portfólio está investido em **ações internacionais**, **ouro** ou **criptomoedas**, essas perdas podem ser compensadas pelos ganhos em outros mercados.

2. Diversificação Geográfica: Protegendo-se de Crises Locais

Manter seu capital em diferentes países protege você contra instabilidades econômicas ou políticas em um único lugar. Algumas das maneiras mais comuns de diversificar geograficamente incluem:

Imóveis no Exterior

Investir em **imóveis internacionais** é uma forma eficaz de proteger parte do seu patrimônio e gerar renda passiva. Países como **Portugal**, **Espanha** e **Estados Unidos** oferecem oportunidades estáveis de investimento imobiliário, com retornos sólidos e regulação forte que protege o investidor.

Vantagens:

- Proteção contra crises econômicas locais.
- Potencial de apreciação do valor dos imóveis em mercados estrangeiros.
- Renda passiva com aluguéis em moedas mais fortes, como dólar ou euro.

Exemplo prático: Investir em um imóvel em **Lisboa**, Portugal, onde o mercado imobiliário está em constante crescimento e com regras favoráveis para investidores estrangeiros. Além de ter um bem físico em um país estável, você pode alugar o imóvel e gerar uma renda passiva em euros, uma moeda forte.

Contas Bancárias e Investimentos em Vários Países

Abrir **contas bancárias** e fazer **investimentos** em diferentes países também é uma estratégia comum de proteção patrimonial. Você pode distribuir seu dinheiro entre diferentes moedas, como **dólar**, **euro** e **franco suíço**, mantendo contas em bancos internacionais ou usando **fintechs** como Wise e Revolut para movimentar seus fundos.

Vantagens:

- Flexibilidade de acesso ao dinheiro em várias moedas.
- Proteção contra flutuações cambiais e crises econômicas locais.
- Facilidade de transferência entre diferentes países.

3. Hedge Cambial: Protegendo-se de Flutuações de Moeda

Ao operar globalmente, especialmente se você mantém ativos em diferentes moedas, as **flutuações cambiais** podem impactar significativamente o valor do seu patrimônio. Um **hedge cambial** é uma estratégia usada para proteger contra as variações adversas na taxa de câmbio.

O que é Hedge Cambial?

Hedge cambial é uma técnica financeira usada para **neutralizar ou reduzir** o impacto das variações na taxa de câmbio entre duas ou mais moedas. Isso pode ser feito por meio de **contratos futuros de câmbio**, opções de moeda, ou até mesmo simplesmente diversificando o capital em várias moedas fortes.

Exemplo prático: Se você possui investimentos denominados em **dólares**, mas mora no Brasil e suas despesas são em **reais**, um movimento de desvalorização do real pode aumentar significativamente o valor de suas obrigações. Para proteger contra esse risco, você pode usar contratos futuros de câmbio para "travar" uma taxa de câmbio favorável, protegendo-se de uma desvalorização repentina do real.

Estratégias de Hedge Cambial

1. **Diversificação em múltiplas moedas**: Mantenha ativos em diferentes moedas, como **dólar americano, euro** e **franco suíço**, para minimizar o impacto das variações cambiais.
2. **Contratos de câmbio futuro**: Utilize contratos de câmbio futuro para garantir uma taxa de câmbio favorável em uma data futura, protegendo-se contra a volatilidade.
3. **Investimentos naturais**: Invista em ativos denominados em moedas fortes (por exemplo, imóveis ou ações em dólar ou euro), para proteger-se da desvalorização de moedas locais.

4. Criptomoedas: Diversificando com Ativos Digitais

As **criptomoedas** estão cada vez mais sendo usadas como uma forma de **diversificação patrimonial**. Embora sejam conhecidas pela volatilidade, as criptomoedas como **Bitcoin** e **Ethereum** oferecem uma alternativa atraente para quem deseja proteger seu patrimônio de crises financeiras e desvalorização de moedas tradicionais.

Vantagens das Criptomoedas

- **Descentralização**: As criptomoedas não estão vinculadas a governos ou bancos centrais, o que significa que não são afetadas diretamente por decisões políticas ou econômicas de um país específico.
- **Hedge contra inflação**: O Bitcoin, por exemplo, é frequentemente chamado de "ouro digital", pois sua oferta limitada torna-o uma proteção potencial contra a inflação.
- **Facilidade de movimentação**: Você pode transferir criptomoedas de uma carteira digital para outra em qualquer parte do mundo, sem as limitações de transferências bancárias tradicionais.

Como Incluir Criptomoedas no seu Portfólio

Para diversificar seu patrimônio com criptomoedas, você pode começar com plataformas como **Binance**,

Coinbase ou **Kraken**, que permitem comprar e vender Bitcoin, Ethereum e outras altcoins. Certifique-se de manter suas criptomoedas em uma **carteira segura** para protegê-las contra hackers.

Exemplo prático: Se você mantém 10% do seu portfólio em Bitcoin, mesmo que haja uma crise no mercado financeiro tradicional, suas criptomoedas podem valorizar ou manter valor, agindo como um "hedge" em tempos de incerteza econômica.

---

5. Investindo em Ouro e Metais Preciosos

O **ouro** sempre foi considerado um dos ativos mais seguros em tempos de crise. Ele serve como um **refúgio seguro** contra a inflação e a desvalorização de moedas, e é uma forma eficaz de diversificar e proteger seu capital. Além disso, o ouro é amplamente aceito como uma forma de pagamento em crises globais.

Vantagens de Investir em Ouro

- **Proteção contra a inflação**: O ouro tende a valorizar em momentos de alta inflação, quando o poder de compra das moedas cai.
- **Alta liquidez**: O ouro é amplamente negociado em mercados globais, o que facilita sua compra e venda.
- **Diversificação**: Além do ouro, você pode investir em outros metais preciosos, como **prata**, **platina**

e **páladio**, que também oferecem oportunidades de proteção patrimonial.

Exemplo prático: Ao investir 5% a 10% do seu portfólio em ouro, você garante uma camada de proteção que historicamente se valoriza em períodos de crise, protegendo o restante do seu portfólio em momentos de incerteza econômica.

Conclusão: Protegendo Seu Patrimônio Globalmente

*"Diversificar e proteger seu capital é um dos pilares da **independência financeira global**. Ao distribuir seus investimentos entre diferentes **países**, **moedas** e **ativos**, como imóveis, criptomoedas e ouro, você minimiza o risco de perdas significativas em qualquer crise econômica, política ou cambial. A diversificação geográfica, o uso de hedge cambial e a inclusão de ativos alternativos em seu portfólio são estratégias essenciais para garantir a **segurança do seu patrimônio** a longo prazo".*

.

No próximo capítulo, falaremos sobre **operações no mercado global**, incluindo Forex e outros investimentos internacionais, e como aproveitar essas oportunidades para crescer seu capital globalmente,

Capítulo 9: Operando com Forex e Outros Investimentos Globais

Operar em **mercados internacionais** é uma das formas mais diretas e eficazes de expandir seus rendimentos e diversificar seu portfólio. Com a globalização financeira, tornou-se mais fácil para indivíduos acessarem **Forex, ações internacionais, fundos de investimento globais** e outros instrumentos financeiros que antes eram limitados a grandes investidores. Este capítulo focará em como operar no **mercado de câmbio (Forex)** e outros mercados globais, oferecendo uma visão prática sobre como aproveitar essas oportunidades.

1. O que é Forex?

O **Forex (Foreign Exchange Market)** é o maior mercado financeiro do mundo, onde moedas são compradas e vendidas. Nele, você pode especular sobre a valorização ou desvalorização de uma moeda em relação a outra, buscando lucros com as variações cambiais. O mercado Forex é operado 24 horas por dia, 5 dias por semana, e é conhecido por sua alta **liquidez** e volatilidade.

Como Funciona o Forex?

No mercado de Forex, você negocia **pares de moedas**. Por exemplo, o par **EUR/USD** representa a relação entre o euro e o dólar americano. Se você acredita que o euro vai se valorizar em relação ao dólar, pode comprar o par

EUR/USD, e se a sua previsão estiver correta, você poderá lucrar com essa valorização.

Principais Pares de Moedas no Forex:

- **EUR/USD**: Euro vs. Dólar Americano
- **USD/JPY**: Dólar Americano vs. Iene Japonês
- **GBP/USD**: Libra Esterlina vs. Dólar Americano
- **USD/CHF**: Dólar Americano vs. Franco Suíço

Exemplo prático: Suponha que você esteja negociando o par **EUR/USD**. Se o euro se valorizar em relação ao dólar, você ganhará com a diferença. No entanto, se o dólar se valorizar, você poderá sofrer uma perda. A chave para o sucesso no Forex é acompanhar **notícias econômicas globais**, entender as **tendências de mercado** e usar **análise técnica** e **fundamental** para tomar decisões informadas.

---

2. Plataformas Populares para Operar Forex

Existem diversas **plataformas de Forex** que facilitam a vida de traders globais, oferecendo ferramentas avançadas de análise e execução de ordens. Aqui estão algumas das mais populares:

XM

A **XM** é uma das corretoras mais conhecidas para quem quer operar no mercado de Forex. Ela oferece **spreads**

competitivos, uma ampla gama de **pares de moedas** e uma **plataforma intuitiva**, ideal tanto para traders iniciantes quanto para profissionais.

- **Vantagens**:
    - **Spreads baixos** em pares de moedas populares como EUR/USD.
    - **Conta demo gratuita** para prática de estratégias.
    - **Plataforma MetaTrader 4 e 5**, que é amplamente utilizada por traders de Forex.
- **Como usar a XM**:
    - **Abra uma conta**: O processo de abertura é simples e pode ser feito online.
    - **Deposite fundos**: Após verificar sua conta, você pode transferir fundos via cartão de crédito, transferência bancária ou carteiras digitais como Neteller.
    - **Execute ordens**: Use as ferramentas de análise da XM para realizar suas operações, seja comprando ou vendendo pares de moedas com base nas suas previsões de mercado.

IC Markets

A **IC Markets** é outra corretora popular entre traders que buscam **alta liquidez** e **baixas taxas**. Com execução rápida de ordens e spreads apertados, a IC Markets é uma ótima opção para quem opera grandes volumes.

- **Vantagens**:
    - **Alta liquidez**, ideal para traders que movimentam grandes quantias.
    - **Spreads apertados** (a partir de 0,0 pips) em alguns pares de moedas.
    - Acesso a **MetaTrader 4, MetaTrader 5 e cTrader**.
- **Como usar a IC Markets**:
    - **Abra uma conta** online, verifique sua identidade e deposite fundos.
    - Use as ferramentas de **análise técnica** avançada e execute suas ordens com alta velocidade.
    - A IC Markets é particularmente interessante para quem busca operar com **alavancagem**, permitindo maiores ganhos (mas também com maior risco).

eToro

O **eToro** é uma corretora que oferece uma plataforma simples e intuitiva para negociação de **Forex**, mas também se destaca por sua funcionalidade de **social trading**, permitindo que você **copie as operações** de traders experientes.

- **Vantagens**:
    - Funcionalidade de **copy trading**, ideal para quem está começando.
    - Acesso a múltiplos ativos, incluindo ações, criptomoedas e commodities, além de Forex.

- o   Interface fácil de usar, com gráficos e indicadores básicos para traders iniciantes.
- **Como usar o eToro**:
  - o   Crie uma conta online, faça a verificação e deposite fundos.
  - o   Use a funcionalidade de **copy trading** para seguir as operações de traders experientes ou execute suas próprias operações com base em análise de mercado.

---

3. Estratégias para Operar no Forex

O mercado de Forex é altamente volátil, e isso traz muitas oportunidades de lucro, mas também exige **estratégias sólidas** para evitar perdas significativas. Abaixo estão algumas das estratégias mais usadas por traders no Forex:

1. Análise Técnica

A **análise técnica** é uma das estratégias mais populares entre traders de Forex. Ela se baseia em **gráficos** e **indicadores técnicos** para prever os movimentos futuros dos preços. Alguns dos indicadores mais comuns incluem:

- **Médias Móveis**: Usadas para identificar tendências de curto, médio e longo prazo.

- **Bandas de Bollinger**: Indicadores de volatilidade que ajudam a identificar possíveis pontos de reversão de preço.
- **Índice de Força Relativa (RSI)**: Um indicador que mede a **força do preço** e pode ajudar a identificar condições de sobrecompra ou sobrevenda.

2. Análise Fundamental

A **análise fundamental** se concentra em fatores macroeconômicos que influenciam as moedas, como **taxas de juros, crescimento econômico, inflação** e **desemprego**. Ao entender o impacto dessas variáveis nas moedas, você pode prever melhor os movimentos de longo prazo no mercado de Forex.

3. Estratégia de Alavancagem

Muitas plataformas de Forex oferecem **alavancagem**, o que significa que você pode controlar uma posição muito maior do que o capital que possui. Embora isso aumente potencialmente seus ganhos, também aumenta o risco. Use a alavancagem com cautela e certifique-se de ter uma estratégia de **gerenciamento de risco** bem estabelecida.

Exemplo prático: Se você tem $1.000 em sua conta e usa uma alavancagem de 10:1, você pode controlar uma posição de $10.000 no mercado de Forex. Isso permite maiores lucros em movimentos pequenos, mas também pode gerar grandes perdas se o mercado se mover contra você.

4. Outros Investimentos Globais: Ações, ETFs e Criptomoedas

Além de Forex, os investidores globais têm acesso a uma variedade de outros mercados e ativos, como **ações internacionais**, **fundos de índice (ETFs)** e **criptomoedas**. Diversificar suas operações entre esses diferentes instrumentos pode maximizar suas oportunidades de lucro e reduzir o risco geral.

Ações Internacionais

Investir em **ações estrangeiras** é uma maneira eficaz de diversificar seu portfólio e acessar oportunidades de crescimento em diferentes países. Muitas plataformas de negociação, como eToro e Revolut, permitem que você compre ações de empresas dos **Estados Unidos**, **Europa**, **Ásia** e outras regiões.

- **Exemplo prático**: Se você investe em ações de **empresas americanas**, como **Apple** ou **Google**, estará aproveitando o crescimento de algumas das maiores empresas do mundo, enquanto diversifica seu portfólio longe do mercado local.

ETFs (Exchange-Traded Funds)

Os **ETFs** são fundos que rastreiam o desempenho de um **índice**, **setor** ou **região** específica. Eles são uma excelente maneira de investir em múltiplos ativos ao mesmo tempo com menos risco, já que os ETFs geralmente incluem uma cesta de ações.

- **Exemplo prático**: Um ETF que rastreia o índice **S&P 500** lhe dá exposição às 500 maiores empresas dos Estados Unidos em um único ativo, diversificando seu investimento em todo o mercado americano.

Criptomoedas

Como mencionado anteriormente, as **criptomoedas** são uma classe de ativos emergente que oferece grandes oportunidades de lucro, mas também alta volatilidade. Plataformas como Binance, Kraken e Coinbase oferecem **compra** e **venda** de criptomoedas como **Bitcoin**, **Ethereum** e muitas outras altcoins.

- **Exemplo prático**: Se você incluir **Bitcoin** em seu portfólio, estará investindo em um ativo digital que é descentralizado e independente dos sistemas financeiros tradicionais, o que pode oferecer proteção contra crises e desvalorizações cambiais.

Conclusão: Explorando o Mercado Internacional

*"Operar no **mercado internacional** oferece uma vasta gama de oportunidades para expandir seus rendimentos e proteger seu capital. O **Forex** é um mercado dinâmico e lucrativo, especialmente quando aliado a estratégias bem definidas e ao uso de plataformas confiáveis como XM, IC Markets e eToro. Além disso, diversificar seus investimentos em **ações internacionais**, ETFs e **criptomoedas** pode proporcionar crescimento a longo prazo e aumentar a segurança do seu portfólio".*

No próximo capítulo, vamos explorar **estudos de casos** de expatriados e investidores que conseguiram alcançar sucesso financeiro global, aprendendo com suas experiências práticas.

Capítulo 10: Estudo de Casos: Expatriados de Sucesso

Estudar os **exemplos reais** de pessoas que já trilharam o caminho da **independência financeira global** é uma maneira poderosa de aprender com suas experiências, desafios e sucessos. Este capítulo apresentará alguns **estudos de casos** de expatriados que conseguiram não só estabelecer suas residências fiscais em outros países, mas também proteger e crescer seus ativos de maneira estratégica. A ideia é extrair **lições práticas** de cada história, aplicáveis ao seu próprio planejamento.

1. Caso 1: João – Mudança de Residência Fiscal para o Paraguai

João é um empresário brasileiro que, em 2020, decidiu expandir seus negócios para o mercado internacional. Operando uma consultoria remota de TI, ele percebeu que manter sua residência fiscal no Brasil resultava em uma carga tributária elevada, que comprometia grande parte de seus lucros. Buscando **maior liberdade financeira**, João decidiu **mudar sua residência fiscal para o Paraguai**.

Desafios

- João estava preocupado com a complexidade do processo de saída fiscal do Brasil e com a burocracia envolvida em abrir contas bancárias internacionais.

- Outro desafio foi aprender a operar globalmente sem perder o controle sobre suas finanças pessoais e empresariais.

Estratégia

1. **Saída Fiscal**: João formalizou sua saída fiscal do Brasil em 2021. Ele apresentou a **Comunicação de Saída Definitiva** à Receita Federal e garantiu que todas as suas obrigações tributárias estavam quitadas antes de partir.
2. **Residência Fiscal no Paraguai**: Para obter sua residência no Paraguai, ele fez um depósito de US$ 5.000 em uma conta bancária local e cumpriu os requisitos de documentação exigidos pelo governo paraguaio.
3. **Contas Bancárias Internacionais**: João abriu uma conta no **Itaú Paraguay**, o que lhe permitiu movimentar seu capital com facilidade, recebendo pagamentos internacionais em dólares americanos e gerenciando suas operações globais.

Resultados

- Ao se estabelecer no Paraguai, João se beneficiou da **tributação territorial**, onde apenas os rendimentos gerados dentro do Paraguai são tributados. Ele conseguiu isenção sobre seus rendimentos no exterior, economizando mais de **50% em impostos** em comparação com o que pagaria no Brasil.

- Com sua nova estrutura financeira, João reinvestiu seus lucros na expansão de seus negócios para os EUA e Europa, garantindo maior proteção patrimonial e diversificação de mercados.

Lição Aprendida: O caso de João destaca a importância de um **planejamento estratégico** antes de mudar a residência fiscal. A combinação de uma **saída fiscal bem executada** e a escolha de um país com **tributação territorial** resultou em uma enorme economia tributária e flexibilidade financeira.

2. Caso 2: Maria – Proteção de Capital com Criptomoedas e Forex

Maria é uma **trader** de Forex e criptomoedas que decidiu aproveitar as oportunidades do mercado global para alcançar sua independência financeira. Ela vivia no Brasil, mas percebeu que poderia **maximizar seus ganhos** e **proteger seu capital** ao operar em mercados globais sem estar sujeita à carga tributária brasileira.

Desafios

- A principal dificuldade de Maria era a **alta volatilidade** dos mercados de Forex e criptomoedas, o que poderia resultar em perdas significativas.

- Além disso, Maria precisava encontrar uma maneira de proteger seus ganhos de eventuais flutuações cambiais, já que parte de seus rendimentos era em dólares e euros.

Estratégia

1. **Carteiras Digitais**: Maria utilizou **Neteller** e **Revolut** para receber seus rendimentos em diferentes moedas. Ambas as plataformas permitiam que ela movimentasse seus fundos com rapidez e facilidade, além de oferecerem conversões de moeda com **baixas taxas de câmbio**.
2. **Hedge Cambial**: Para se proteger das flutuações do real em relação ao dólar e ao euro, Maria diversificou seu capital em diferentes moedas, mantendo saldos em contas digitais e aproveitando os momentos mais favoráveis para realizar conversões.
3. **Diversificação em Criptomoedas**: Maria dedicou **20% de seu portfólio** à compra de criptomoedas como **Bitcoin** e **Ethereum**, ativos que serviam como um hedge contra a inflação e desvalorização de moedas tradicionais. Ela usava plataformas como **Binance** e **Kraken** para gerenciar suas criptos.

Resultados

- Maria conseguiu aumentar seus lucros significativamente ao **operar Forex** com contas

multimoedas, aproveitando as melhores oportunidades de mercado. Com isso, ela conseguiu proteger seu capital contra a desvalorização do real.
- Sua estratégia de **diversificação em criptomoedas** também se mostrou bem-sucedida. Durante períodos de crise no mercado financeiro tradicional, suas criptomoedas valorizaram, oferecendo um equilíbrio para o portfólio.

Lição Aprendida: A experiência de Maria ensina que, ao operar globalmente, é essencial usar **estratégias de proteção** contra flutuações cambiais e diversificar seu capital. Plataformas digitais e criptomoedas podem ser ferramentas poderosas para expandir seus rendimentos e proteger seus ativos em tempos de volatilidade.

3. Caso 3: Pedro – Investimentos Imobiliários no Exterior

Pedro era um investidor focado no mercado imobiliário brasileiro, mas em 2018 decidiu começar a **diversificar seus investimentos** em imóveis internacionais para proteger seu capital e aumentar suas fontes de renda passiva. Ele viu no mercado imobiliário europeu uma oportunidade de crescimento e proteção patrimonial.

Desafios

- O maior desafio para Pedro foi a adaptação às diferentes **legislações** e **impostos imobiliários** dos países europeus, além da complexidade de abrir contas bancárias internacionais para facilitar seus investimentos.
- Pedro também enfrentou dificuldades iniciais em encontrar **consultores imobiliários** confiáveis em um mercado estrangeiro.

Estratégia

1. **Residência Fiscal em Portugal**: Pedro optou por estabelecer residência fiscal em **Portugal**, beneficiando-se do programa de **Residente Não Habitual (RNH)**, que oferecia **isenção de impostos sobre rendimentos estrangeiros** por 10 anos.
2. **Investimentos Imobiliários em Lisboa e Algarve**: Pedro comprou imóveis em **Lisboa** e **Algarve**, mercados em ascensão com alta demanda por aluguel de curto prazo, especialmente para turistas.
3. **Contas Bancárias Internacionais**: Para facilitar a movimentação de capital entre Brasil e Portugal, Pedro abriu contas no **HSBC Premier** e na **Wise**, o que lhe permitiu movimentar fundos entre diferentes moedas e países de forma eficiente.

Resultados

- Pedro conseguiu uma **renda passiva** estável ao alugar seus imóveis em Portugal para turistas e expatriados, além de ver uma **valorização significativa** do patrimônio imobiliário ao longo dos anos.
- Com a residência fiscal em Portugal, Pedro também se beneficiou de **incentivos fiscais**, economizando milhares de euros em impostos sobre seus rendimentos internacionais.

Lição Aprendida: O caso de Pedro demonstra o valor de diversificar investimentos em **mercados imobiliários estrangeiros**, especialmente em países com legislação amigável para investidores estrangeiros. A escolha de **Portugal** como base fiscal foi estratégica, garantindo **proteção patrimonial** e otimização tributária.

Conclusão: O Que Podemos Aprender?

*"Os estudos de casos apresentados mostram que, com o **planejamento certo** e as **ferramentas adequadas**, é possível alcançar o sucesso financeiro global. Seja mudando sua residência fiscal, operando em mercados internacionais ou diversificando seus investimentos em diferentes ativos, cada um desses expatriados demonstrou que é possível proteger e expandir seu capital globalmente".*

*"O sucesso dessas pessoas foi resultado de um **planejamento estratégico** que envolveu uma combinação de **proteção tributária**, **uso de ferramentas digitais** e **diversificação global**. Esses exemplos podem servir como guia para quem busca alcançar **independência financeira global** e operar com segurança em diferentes mercados".*

No próximo capítulo, vamos explorar os **futuros desafios e oportunidades** no cenário financeiro global, com foco nas tecnologias emergentes e mudanças nas legislações fiscais internacionais.

Capítulo 11: Futuros Desafios e Oportunidades no Cenário Financeiro Global

O cenário financeiro global está em constante transformação, impulsionado por novas tecnologias, mudanças nas legislações fiscais internacionais e a crescente digitalização das finanças. Para investidores e expatriados que buscam manter sua **independência financeira global**, é essencial ficar atento às **tendências emergentes** e aos **desafios futuros** que podem afetar a maneira como gerenciamos nossos ativos e rendimentos. Este capítulo aborda as principais **oportunidades** e os **riscos** que podem moldar o futuro das finanças globais.

1. A Ascensão das Fintechs e a Digitalização Financeira

As **fintechs** estão transformando a maneira como as pessoas acessam serviços financeiros. Plataformas como **Neteller**, **Wise** e **Revolut** já desempenham um papel fundamental na forma como indivíduos realizam **transferências internacionais**, administram **contas multimoedas** e acessam **investimentos globais**. A tendência é que essas plataformas continuem a se expandir, oferecendo soluções ainda mais inovadoras e acessíveis.

Oportunidades com as Fintechs

- **Maior acesso a mercados globais**: As fintechs estão democratizando o acesso aos mercados financeiros globais, permitindo que qualquer pessoa invista em ativos internacionais com taxas baixas e alta transparência.
- **Soluções de pagamento digital mais baratas e rápidas**: Com as fintechs, transferências internacionais que costumavam ser caras e demoradas agora podem ser feitas quase instantaneamente e a custos muito menores.

Exemplo futuro: Imagine uma fintech que integre serviços de criptomoedas com bancos tradicionais, permitindo que você mantenha **criptomoedas** e **moedas fiduciárias** na mesma plataforma, transferindo entre elas com total facilidade.

Desafios com as Fintechs

Apesar das vantagens, as fintechs enfrentam desafios, especialmente relacionados à **segurança** e **regulamentação**. À medida que essas plataformas se expandem, os governos estão começando a criar regulamentações mais rigorosas para garantir que os serviços ofereçam **proteção ao consumidor** e **segurança nas transações**.

2. Criptomoedas e DeFi: O Futuro das Finanças Descentralizadas

As **criptomoedas** já são uma parte estabelecida do mercado financeiro global, mas o futuro das finanças provavelmente estará ligado a um novo conceito: as **Finanças Descentralizadas (DeFi)**. As DeFi utilizam **blockchain** e **contratos inteligentes** para eliminar intermediários, como bancos e corretoras, permitindo que as pessoas realizem transações financeiras diretamente umas com as outras.

Oportunidades com Criptomoedas e DeFi

- **Independência financeira total**: As criptomoedas oferecem uma alternativa às moedas fiduciárias tradicionais, permitindo que você mantenha seus ativos fora do sistema bancário convencional e tenha controle total sobre eles.
- **Novos mercados de investimento**: O ecossistema de DeFi está criando novos produtos financeiros, como **empréstimos descentralizados**, **staking** e **yield farming**, que oferecem oportunidades para gerar renda passiva diretamente na blockchain.

Exemplo futuro: Com as DeFi, você poderia emprestar suas criptomoedas a outros usuários e ganhar juros diretamente, sem passar por um banco ou corretora. Isso abre um leque de oportunidades de rendimento passivo no mercado digital.

Desafios com Criptomoedas e DeFi

- **Volatilidade**: O mercado de criptomoedas ainda é altamente volátil, o que representa um grande risco, especialmente para investidores que não estão acostumados com essas oscilações rápidas.
- **Regulamentação**: Governos ao redor do mundo estão buscando maneiras de regular as criptomoedas e as DeFi. Dependendo de como essas regulamentações forem implementadas, elas podem afetar significativamente a facilidade com que você pode investir e operar nesse mercado.

3. Mudanças nas Legislações Fiscais Internacionais

À medida que mais indivíduos e empresas adotam uma abordagem global para seus negócios e investimentos, os **governos** estão buscando formas de garantir que não percam receitas tributárias. Isso está levando a mudanças nas **legislações fiscais internacionais**, com maior foco em **transparência, intercâmbio de informações** e **tributação de rendimentos globais**.

Oportunidades com a Transparência Fiscal

- **Tratados de dupla tributação**: Para expatriados e investidores globais, os tratados de **dupla tributação** são uma oportunidade para evitar ser tributado duas vezes sobre o mesmo rendimento.

Muitos países, como Brasil e Portugal, possuem esses tratados que favorecem a otimização fiscal.
- **Planejamento tributário estratégico**: A transparência fiscal permite um planejamento tributário mais claro, onde os expatriados podem escolher residências fiscais em países que oferecem regimes favoráveis, sem o risco de tributação cruzada.

Desafios com a Transparência Fiscal

- **Intercâmbio de informações**: Com a implementação de acordos de **troca automática de informações** entre governos (como o **FATCA** nos EUA e o **CRS** da OCDE), os países estão compartilhando dados sobre as contas bancárias de seus cidadãos no exterior. Isso significa que expatriados devem ser muito mais cuidadosos ao cumprir suas obrigações fiscais.

Exemplo prático: Se você é residente fiscal em um país que participa do **CRS**, as informações sobre suas contas bancárias internacionais podem ser automaticamente compartilhadas com as autoridades fiscais do seu país de origem, garantindo uma maior fiscalização sobre sua renda e patrimônio no exterior.

4. Impactos da Inteligência Artificial nas Finanças Globais

A **inteligência artificial (IA)** está começando a transformar o mundo das finanças, oferecendo novos níveis de eficiência e previsibilidade nos investimentos. Com a IA, é possível usar algoritmos para prever **tendências de mercado**, analisar grandes volumes de dados em tempo real e criar estratégias de investimento altamente personalizadas.

Oportunidades com a IA

- **Automação de investimentos**: Plataformas de investimento baseadas em IA, como **robôs consultores**, já permitem que investidores globais automatizem parte de seus portfólios. Esses robôs usam algoritmos para monitorar o mercado e fazer ajustes automáticos em suas carteiras.
- **Análise de dados em tempo real**: A IA permite que você analise grandes volumes de dados de mercado em tempo real, identificando **oportunidades de investimento** antes dos investidores tradicionais.

Exemplo futuro: Imagine usar uma plataforma de IA para identificar automaticamente as melhores oportunidades de investimento em **Forex**, **ações** ou **criptomoedas**, ajustando suas posições em tempo real com base nas tendências de mercado.

Desafios com a IA

- **Risco de algoritmos falhos**: Apesar de a IA ser altamente eficiente, ela ainda está sujeita a erros e falhas de algoritmos. Isso pode resultar em decisões de investimento inadequadas se os parâmetros do algoritmo não forem ajustados corretamente.
- **Falta de controle total**: Muitos investidores ainda relutam em confiar completamente em sistemas automatizados para gerenciar seus portfólios, preferindo manter o controle manual sobre suas decisões financeiras.

5. Sustentabilidade e Investimentos ESG

A **sustentabilidade** está se tornando uma prioridade global, e isso está refletido no crescente interesse por **investimentos ESG** (ambiental, social e governança). Investidores estão cada vez mais preocupados em alinhar seus portfólios a empresas que seguem práticas sustentáveis, éticas e responsáveis.

Oportunidades com Investimentos Sustentáveis

- **Crescimento de fundos ESG**: Os fundos de investimento ESG estão ganhando popularidade, oferecendo retornos atraentes para quem deseja investir em empresas que seguem boas práticas ambientais e sociais.

- **Tendência de longo prazo**: Com a crescente conscientização sobre o impacto ambiental, os investimentos em setores como **energia limpa**, **tecnologias renováveis** e **empresas sustentáveis** têm grande potencial de crescimento.

Exemplo futuro: Um investidor que aloca parte de seu portfólio em **fundos ESG** ou em ações de empresas de energia renovável estará bem posicionado para aproveitar a demanda crescente por soluções sustentáveis nas próximas décadas.

Desafios com Investimentos Sustentáveis

- **Definição de critérios**: Ainda há falta de padronização nos critérios para definir o que é ou não um investimento ESG. Isso pode tornar difícil para os investidores identificarem empresas verdadeiramente comprometidas com a sustentabilidade.
- **Possíveis retornos mais baixos no curto prazo**: Embora os investimentos ESG tenham potencial de crescimento a longo prazo, no curto prazo eles podem não oferecer os mesmos retornos que setores tradicionais.

Conclusão: Preparando-se para o Futuro das Finanças Globais

*"O futuro das finanças globais está repleto de **oportunidades** para aqueles que estão preparados para se adaptar às **novas tecnologias**, **mudanças regulatórias** e **tendências emergentes**. À medida que **fintechs** e **criptomoedas** continuam a transformar os mercados, e a **IA** e os **investimentos sustentáveis**".*

Capítulo 12: Conclusão

Chegamos ao final do nosso **Manual de Independência Financeira Global**. Neste livro, exploramos o caminho para se tornar financeiramente independente em um mundo globalizado, discutindo desde a **saída fiscal do Brasil** até como operar em mercados internacionais e proteger seu patrimônio. Ao longo dos capítulos, abordamos:

1. A Importância da Saída Fiscal

Aprendemos que formalizar sua saída fiscal do Brasil é um passo crucial para otimizar sua carga tributária e permitir o acesso a novas oportunidades financeiras em outros países.

2. Escolhendo o País Certo

Discutimos como países como **Paraguai** e **Uruguai** oferecem regimes fiscais vantajosos para expatriados, permitindo que você mantenha seus rendimentos no exterior isentos de impostos.

3. Abrindo Contas Bancárias Internacionais

Vimos a importância de abrir contas em bancos internacionais e plataformas de fintech para facilitar a movimentação de dinheiro entre diferentes jurisdições, além de oferecer flexibilidade no gerenciamento de múltiplas moedas.

4. O Uso de Carteiras Digitais

Exploramos como carteiras digitais como **Neteller**, **Wise** e **Revolut** proporcionam uma maneira prática de gerenciar seus ativos, realizar transferências internacionais e operar no mercado de Forex.

5. Diversificação e Proteção do Capital

Discutimos a importância de diversificar seus investimentos geograficamente e em diferentes ativos, como imóveis, ações, criptomoedas e metais preciosos, como forma de proteger seu patrimônio contra riscos econômicos e políticos.

6. Oportunidades e Desafios Futuros

Refletimos sobre as tendências emergentes no cenário financeiro, como a ascensão das fintechs, a importância das criptomoedas e as mudanças nas legislações fiscais internacionais, que apresentarão tanto desafios quanto oportunidades para investidores globais.

Recomendações Práticas

Para colocar em prática os conceitos discutidos ao longo deste livro, aqui estão algumas recomendações:

1. **Planejamento**: Comece a planejar sua saída fiscal com antecedência. Consulte um contador ou advogado especializado para garantir que todas as etapas sejam seguidas corretamente.
2. **Pesquisa**: Antes de escolher um novo país para residência fiscal, pesquise sobre os regimes tributários, custo de vida e oportunidades de investimento. Escolha aquele que melhor se adequa ao seu perfil.
3. **Diversificação**: Ao investir, não coloque todos os seus ovos em uma única cesta. Diversifique seus ativos em diferentes classes e geografias para proteger seu patrimônio.
4. **Uso de Tecnologia**: Aproveite as ferramentas digitais disponíveis, como plataformas de Forex e carteiras digitais, para gerenciar e movimentar seus ativos de forma eficiente.
5. **Educação Contínua**: O mercado financeiro está sempre mudando. Continue aprendendo sobre novos instrumentos, estratégias de investimento e tendências emergentes para se manter informado e preparado.

Conclusão Final

*"A busca pela **independência financeira global** é um caminho empolgante e repleto de oportunidades. Com o planejamento adequado e o uso das ferramentas certas, você pode alcançar a liberdade financeira, proteger seu patrimônio e viver em um mundo sem fronteiras".*

Obrigado por acompanhar esta jornada. Que você encontre sucesso e realização em sua busca por liberdade financeira em escala global!

Capítulo 13: Anexos

A. Modelos de Formulários

1. Comunicação de Saída Definitiva do País

- Formulário disponível no site da Receita Federal do Brasil.
- **Importante**: Preencher com dados corretos, informando a data da saída e última declaração de imposto.

2. Declaração de Capitais Brasileiros no Exterior (DCBE)

- Exigida para quem possui ativos acima de US$ 100.000 no exterior.
- Formulário disponível no site do Banco Central do Brasil.

B. Links Úteis

- **Receita Federal do Brasil**: www.receita.fazenda.gov.br
- **Banco Central do Brasil**: www.bcb.gov.br
- **Neteller**: www.neteller.com
- **Wise**: www.wise.com
- **HSBC**: www.hsbc.com

C. Glossário

- **Saída Fiscal**: Processo formal de comunicação à Receita Federal para não ser mais residente fiscal no Brasil.
- **DCBE**: Declaração de Capitais Brasileiros no Exterior, obrigatória para ativos acima de US$ 100.000.
- **Hedge Cambial**: Estratégia para proteger seu capital contra flutuações de moedas.
- **Carteira Digital**: Plataforma online que permite armazenar, enviar e receber dinheiro eletronicamente.
- **Forex**: Mercado de câmbio onde moedas são negociadas.

D. Tabelas Comparativas: Países e Serviços Bancários

País	Vantagens Fiscais	Tipos de Conta	Observações
Paraguai	Taxação territorial	Conta local	Isenção sobre rendimentos externos
Uruguai	Isenção por 10 anos	Conta local	Favorável para investimentos imobiliários
Portugal	RNH por 10 anos	Conta local	Benefícios para aposentados
EUA	Diversidade de investimentos	Conta local	Regime tributário vantajoso

Mensagem Final

"A busca pela independência financeira global é mais do que uma simples estratégia de investimentos e planejamento tributário. É uma jornada de libertação, de expansão de horizontes e de construção de um futuro em que você controla o seu destino. Ao dominar as ferramentas, os conhecimentos e as estratégias discutidos neste livro, você não apenas protege seu patrimônio, mas também abre portas para novas oportunidades em mercados ao redor do mundo".

"Lembre-se: a chave para o sucesso está em agir com consciência, planejamento e determinação. O mundo é vasto, e as fronteiras são apenas barreiras ilusórias quando você adquire a liberdade de operar em qualquer mercado, sem restrições".

"Que este livro seja o primeiro passo de uma longa jornada de crescimento, aprendizado e prosperidade. O poder de conquistar essa liberdade está em suas mãos".

Obrigado por se juntar a esta jornada global.

Com os melhores votos de sucesso,

Vinícius F. Amorim

www.ingramcontent.com/pod-product-compliance
Lightning Source LLC
Chambersburg PA
CBHW070206230526
45471CB00002B/839